Merci au Claé Les Francas *de l'école primaire Jean-Jaurès à Toulouse pour son coup de pouce "sportif".*

M. et N. M.

Dans la même collection :

Correction : Alexandra Dirand

Dépôt légal : 2e trimestre 2015
ISBN : 978.2.7459.7129.6
Imprimé chez DZS Grafik - Slovénie.

COPAIN JEUX

billes, balles, ballons

texte de
Myriam et Nicolas Martelle

illustrations de
Marie Spénale

MILAN

Bienvenue dans la bande !

On se présente : on est tes copains des billes, balles et ballons ! Dans ce livre, on va te donner des conseils pour devenir un pro des jeux à base d'objets sphériques... Entraîne-toi un peu, et tu verras : tu finiras par nous ressembler !

Josette Hématch

Rémy Danlemile

Le musclomètre
t'indique à quel point le jeu est physique.

Le bobomètre
t'indique le niveau de courbatures que tu risques d'avoir.

L'éclatomètre
t'indique le degré de fun auquel tu peux t'attendre.

Les 4 règles d’or du joueur

Préparation

Pour s’éclater sans « s’exploser », faut un peu d’échauffement. Même pour une petite partie entre potes, étire toujours tes muscles avant de commencer. Et oublie pas de boire de l’eau, ça t’évitera les crampes !

Prudence

Évite de jouer trop près des fenêtres, des voitures ou des plantes ! Choisis plutôt un coin dégagé, sans rien à casser. Pas la peine de faire de tes voisins tes pires ennemis, sinon tu n’auras pas de bonbons au prochain Halloween !

Élégance

Ne triche jamais : cela ne sert à rien, et plus personne ne voudrait jouer avec toi ! Utilise plutôt ton intelligence pour réussir sans « détourner » les règles. Ainsi, tes copains t’admireront. Et ça, c’est le top.

Fair-play

T’as perdu ? Ben c’est pas grave, t’es là pour t’amuser. Pas la peine de piquer une crise, hein ! Si tu veux t’améliorer, repère là où tu t’es planté et entraîne-toi ! Tu feras mieux la prochaine fois !

L'exemple à ne pas suivre

Le Penseur

de Rodin

Le Penseur de Rodin était un très mauvais joueur. Incapable de se retenir, il mordait ses adversaires s'ils lui prenaient la balle au foot ! Du coup, il finissait assis sur le banc de touche, la tête posée sur le dos de sa main : une position certes mémorable, mais surtout très inconfortable ! Totalement puéril, *Le Penseur* de Rodin pouvait faire une crise de nerfs s'il n'était pas choisi en premier dans une équipe... Il paraît même que, déjà tout petit, il piquait les billes aux autres dans la cour de récré ! Aujourd'hui, plus personne ne veut s'amuser avec lui et il boude sur son piédestal.

L'astuce d'Abakar Tonrouj

Pour les jeux avec le plus de règles : tirez au sort un arbitre avant chaque partie. Et mettez-vous bien ça en tête : l'arbitre a toujours raison, même quand il a tort ! Ça évite les disputes entre joueurs. Et après la partie, soyez fair-play, laissez-lui 1 minute d'avance avant de lui courir après...

Au sommaire

LES BILLES ET LES PETITES BALLES

LES BALLES

LES BALLONS

Salut ! Tu vas bien, ou bien ?
T'as pas envie de prendre un peu l'air, là ?
Rôôôh, allez, ne reste pas dans ton coin !
Tu prends ce qu'il faut et tu nous rejoins ?

Les billes et les petites balles

Des activités faciles
à mettre en place, nécessitant
peu de matériel.

Avec qui et où ?
Entre copains, à l'école
ou au centre de loisirs,
mais aussi avec la famille
à la maison !

Les billes

Un jeu de Rémy Danlemile

Voilà de petits objets à avoir toujours sur soi ! Les billes offrent une panoplie inépuisable de jeux simples à faire.

musclomètre

bobomètre

éclatomètre

30 minutes ou plus

2 ou plus

Il te faut

des billes, et puis c'est tout !

Le jeu du pot

1. Prépare un trou de 15 à 20 cm de diamètre.

2. Chaque joueur prend une bille et se place à 6 pas du trou, que l'on appelle le pot.

3. Le but est de mettre la bille dedans avec le moins de tirs possible. Les joueurs jouent à tour de rôle. Chaque tir compte pour 1 point. Le gagnant est celui qui a le moins de points : il remporte alors toutes les billes mises en jeu.

La poursuite

déal quand on a du sable à sa disposition ! ais-y un tracé, avec des virages et les pentes. Jouez chacun à votre tour. e premier qui passe la ligne d'arrivée gagné toutes les billes en course.

N'oublie pas d'humidifier légèrement le parcours, sinon les billes ne rouleront pas.

On tire sa bille avec son doigt, d'une pichenette : tchac ! Elle ne doit pas être jetée en l'air, ni guidée du bout du doigt, sous peine de nullité.

Le triangle

Trace un triangle sur le sol et place dedans 10 billes. Éloigne-toi de 6 pas. De là, à tour de rôle, chaque joueur tire sa bille en direction du triangle. Le but est d'en faire sortir une ou plusieurs billes. Quand l'une est exclue du triangle, le joueur a 1 point ! Le gagnant est celui qui obtient le score le plus élevé.

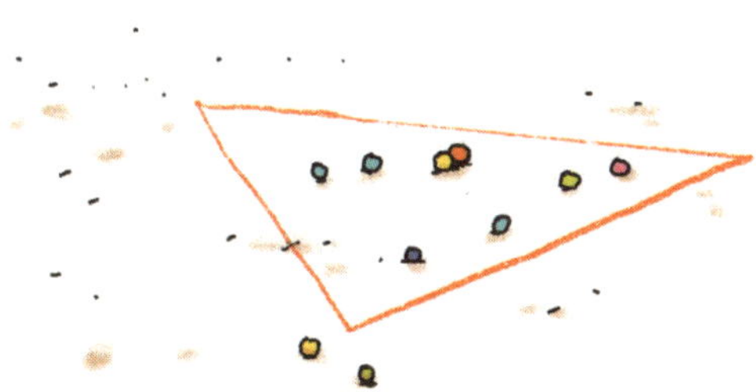

Le but est de faire sortir toutes les billes du cercle.

Les bombes

1. Trace un cercle d'au moins 30 cm de diamètre sur le sol.

2. Chaque joueur dépose 1 de ses billes dans celui-ci. Les billes doivent être disposées en tas.

3. À tour de rôle, chaque joueur tient 1 bille au-dessus du cercle, au niveau de son nez. Puis il la lâche.

4. Si en tombant, elle fait sortir 1 ou plusieurs billes, elles sont pour le joueur.

Si aucune bille ne sort, le joueur laisse sa place à un autre.

Les villes

1. Dans la terre, creuse
 trous qui vont représenter
es villes. Fais-les légèrement
lus profonds que le diamètre
'une bille : il faut permettre à
ne seconde bille d'entrer, en
épassant un peu. Laisse au
noins 10 cm entre 2 « villes ».

2. Les joueurs se placent
 4 pas (on tire toujours
u même endroit).

3. Les joueurs lancent leurs billes chacun leur tour.

Si un joueur met sa bille dans une ville déjà occupée, il peut essayer de la conquérir : pour cela, il retire sa bille, et celui qui détient la ville installe une autre de ses billes à la place. Le joueur qui veut obtenir la ville va alors essayer de déloger la seconde bille à l'aide de l'une des siennes. Il a droit à 3 essais.

S'il réussit, il place 1 de ses billes dans le trou et garde les 2 billes de son adversaire en prime.

S'il rate, l'autre joueur garde la ville.

Le but : remporter l'ensemble des villes en occupant en même temps tous les trous !

Un jeu d'Abakar Tonrouj

Tout le monde connaît le principe de la « balle magique » : on la lance sur le sol et... elle décolle. Mais comment jouer avec un bidule pareil ?

musclomètre

bobomètre

éclatomètre

Mieux vaut jouer dans un terrain dégagé. Attention aussi à ne pas se prendre une balle dans la figure quand elle rebondit ! Pour éviter un œil au beurre noir, que chacun mette son visage dans le creux de son bras au moment de lancer la balle sur le sol.

La balle magique

 20 minutes

 autant que possible

Il te faut

 1 marqueur

 autant de balles magiques que de joueurs

 des gobelets en plastique

Préparation

Chaque joueur inscrit son initiale sur le même nombre de gobelets en plastique et les dispose sur le terrain de jeu.

Déroulement du jeu

es joueurs ont leur balle magique en nain. Quand le top est donné, chacun ance sa balle sur le sol. Attention : as trop fort, sinon elle pourrait ien disparaître à tout jamais !

1. Si une balle tombe dans un de tes gobelets, tu as 1 point.

2. Une balle qui rebondit encore eut être attrapée au vol, mais avec n gobelet uniquement ! Attention en ramasser un qui porte on initiale, sinon le point ira l'un de tes adversaires !

Pas de gobelets ? Pas de problème : on lance les balles ur le sol, le gagnant sera celui qui en aura attrapé ou ramassé le plus !

3. Si une balle tombe sur le sol, elle est à celui qui l'emprisonnera sous un gobelet... à condition, là encore, qu'il porte son initiale !

Le gagnant est celui qui obtient le plus de points après décompte.

Un jeu de Rémy Danlemile

Tu as le sens de l'équilibre ? Tu sais contrôler tes tirs et tes réceptions de balle ? Tu sais être tactique ? Alors ce jeu est fait pour toi !

Les 4 carrés

30 minutes

4 ou plus

Il te faut

1 footbag (balle souple remplie de petites billes ou de grains)

1 craie

musclomètre

bobomètre

éclatomètre

Préparation

Avec une craie, trace sur le sol un grand carré (chaque côté doit faire 12 fois la longueur de ton pied). Divise ce grand carré en 4 plus petits, de taille identique (chaque côté fait donc 6 fois ton pied). Note les carrés de 1 à 4, dans le sens des aiguilles d'une montre.

Déroulement du jeu

1. Les joueurs se placent sur les carrés (1 par carré). L'emplacement n° 4 s'appelle le carré du roi, car seul le joueur qui occupe cette position peut marquer des points. Il est déclaré gagnant lorsqu'il a atteint le score de 11 points.

Tactique de base : faire en sorte qu'un joueur ne reste pas longtemps sur le carré n° 4, afin qu'il ne marque pas trop de points !

Attention, les joueurs changent de carré lorsque le footbag tombe à terre !

2. C'est le joueur sur le carré n° 4 qui commence. Il lance avec sa main le footbag vers un autre joueur. Celui-ci doit renvoyer le footbag vers le lanceur ou un autre joueur. Il peut pour cela utiliser ses jambes ou ses pieds, mais pas ses mains, ni ses bras.

3. Quand le footbag tombe, le joueur qui n'a pas pu le rattraper sort de son carré et va dans le carré n° 1. Celui qui était dans le carré n° 1 va alors dans le carré n° 2, et ainsi de suite. Le point va à celui qui est sur le carré n° 4. Si c'est le joueur sur le carré n° 4 qui n'a pas rattrapé le footbag, il sort et va aussi dans le carré n° 1. Le point est alors pour celui qui passe du carré n° 3 au n° 4.

Et quand il y a plus de 4 joueurs ?
Il faut toujours un seul joueur par carré, donc ceux qui ne jouent pas attendent à côté du carré n° 1. Ils y entrent quand le footbag tombe. Le joueur qui sort du jeu (celui qui n'a pas rattrapé le footbag) se met alors au bout de la file d'attente devant le carré n° 1.

Un jeu de Josette Hématch

Tu es patient ? Tu sais viser et calculer ? Dans ce cas, ce jeu où il faut atteindre le nombre juste avant les copains va te plaire !

musclomètre

bobomètre

éclatomètre

Un peu de brico avant le jeu !

Colle les pots sur le carton selon le schéma suivant : 4 pots par ligne sur 6 rangées.

Le golf yaourt

10 minutes

2 ou plus

Il te faut

- au moins 3 balles de ping-pong (vérifie que les balles entrent facilement dans les pots !)
- 24 pots de yaourt vides
- 1 marqueur
- de la colle liquide
- 1 feuille de carton fort (65 cm x 45 cm)

Note à côté des deux lignes les plus proches de toi le chiffre 2. Puis, à côté des deux lignes suivantes, le chiffre 4. Et à côté des 2 dernières lignes, le chiffre 6.

Laisse 5 cm entre chaque pot, même en diagonale. Une fois terminé, laisse sécher une nuit.

1. Dispose le carton sur une table ou une chaise et éloigne-toi de 5 pas.

2. Les joueurs lancent les balles à tour de rôle. Si elles tombent entre les pots, cela compte pour 1 point.

Quand la balle tombe dans un pot, le nombre de points gagnés est celui indiqué sur la ligne où se touve le pot.

C'est quoi, le but ?

Atteindre en premier le score exact de 18 points, pas 1 de plus !

Si le score de 18 est dépassé, il chute à 6. Argh ! Bon courage.

Un jeu de Djamila Balofon

Un minimum de bricolage pour un maximum de rigolade. Savoir viser est un avantage appréciable.

musclomètre

bobomètre

éclatomètre

5

Le tir à la boîte

Préparation

1. Découpe 3 trous de tailles variées dans le couvercle d'une boîte à chaussures. Inscris à côté combien de points vaut chaque trou : plus il est petit, plus le chiffre sera élevé.

2. Scotche le couvercle à la boîte.

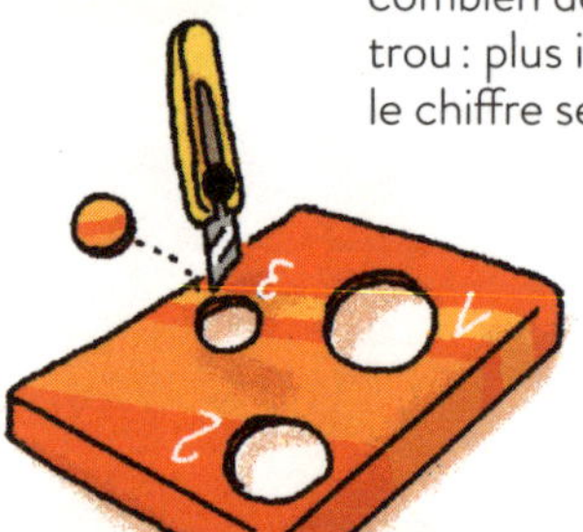

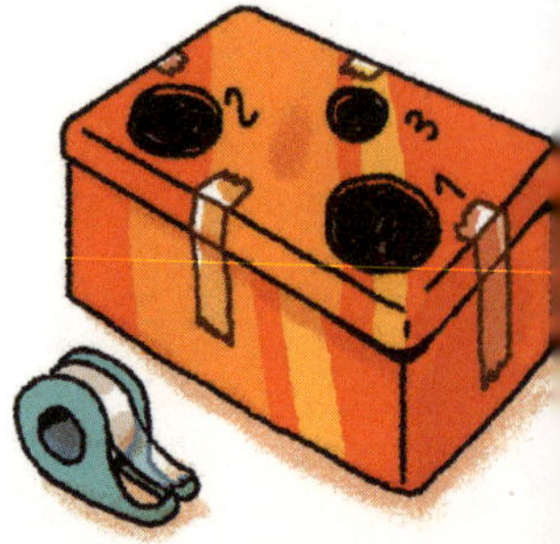

Déroulement du jeu

1. Attache la boîte en hauteur (sur le tronc d'un arbre, par exemple) avec la ficelle.

2. Chaque joueur lance, à son tour, son stock de balles : on compte les points au fur et à mesure.

3. Quand il a fini de les lancer, on les récupère et on laisse le joueur suivant démontrer son adresse.

Le gagnant est bien sûr celui qui a obtenu le plus de points. S'il y a beaucoup de joueurs, on élimine celui qui a fait le score le plus bas et on fait participer les autres à une nouvelle manche, et ainsi de suite jusqu'à ce qu'il n'en reste plus qu'un !

Tu peux même placer plusieurs boîtes à différentes hauteurs : plus c'est haut et plus le trou est petit, plus ça rapporte de points.

Variante

On dispose les boîtes à chaussures sur le sol : les plus éloignées sont celles qui rapportent le plus de points.

Un jeu d'Abakar Tonrouj

Aaah, être autorisé à tout démolir ! C'est trop bien ! Tu peux enfin t'éclater sans avoir à t'excuser. Mais avant, tu vas devoir bricoler un peu...

Le chamboule-tout

20 minutes

minimum 2

Il te faut

des pinceaux

10 boîtes de lait en poudre pour bébé ou des boîtes de conserve

3 balles de tennis

de la peinture

musclomètre

bobomètre

éclatomètre

Préparation

1. D'abord, lave bien les boîtes. Vérifie avec un adulte qu'aucune n'est coupante.

2. Une fois essuyées, peins-les en blanc et laisse-les sécher une nuit.

3. Le lendemain, tu peux y peindre des têtes de monstre de méchants de dessin animé de stars que tu n'aimes pas... ou tes profs (chut, on ne t'a rien dit). Laisse sécher encore une nuit, et c'est prêt !

Installation

Dispose les boîtes sur une table. D'abord 4 sur une même ligne, espacées de 2 à 3 cm. Elles représentent le rez-de-chaussée. Installe ensuite le premier étage avec 3 boîtes : chacune repose sur 2 boîtes en dessous d'elle. Et ainsi de suite avec les 2e et 3e niveaux. En tout, tu as devant toi un « triangle » de 3 étages à faire tomber. Ouais !

Entre chaque joueur, on remet les boîtes tombées en place.

Déroulement du jeu

1. On se place à bonne distance du triangle (au moins 5 grands pas).

2. À tour de rôle, chaque joueur lance 3 balles de tennis sur l'édifice. Le point est donné à celui qui fait tomber le plus de boîtes. Quand il y a égalité, on donne 1 point à chaque joueur.

3. Celui qui atteint le score de 10 points est déclaré gagnant.

Un jeu de Josette Hématch

Es-tu plus tenace que ton adversaire? Découvre le cousin lointain du tennis et du ping-pong. Attention, ça ne muscle qu'un seul bras...

Le poteau écossais

20 minutes — minimum 2

Il te faut

musclomètre

bobomètre

éclatomètre

Préparation

1. Noue la corde dans le trou en haut du manche à balai.

2. Passe l'autre extrémité à travers la balle en mousse préalablement percée avec le crayon, et fais un nœud au bout pour la bloquer (charges-en un adulte si ça te paraît trop dur).

3. Demande à ton adulte de planter le manche à balai dans le sol du jardin ou cale-le dans un pied de parasol. Il doit être bien fixé et ne pas bouger.

Comment jouer ?

Les joueurs se placent de part et d'autre du manche à balai. Leur échange de balle s'effectue avec pour consigne de renvoyer chacun la balle d'un côté bien particulier : un dans le sens des aiguilles d'une montre, et l'autre dans le sens opposé (si on se trompe, on est éliminé).

Le but est de réaliser un coup assez fort pour enrouler la corde entière autour du manche, sans que l'autre joueur puisse renvoyer la balle.

Dans la même famille...

... je demande le Jokari ! Une balle rebondissante est attachée à un socle que l'on pose sur le sol. Les deux joueurs utilisent des petites raquettes en bois pour se renvoyer la balle.

Un jeu de Djamila Balofon

Idéal pour éprouver les nerfs, ce jeu demande de l'adresse et du self-control ! Mais avant de jouer, un peu de bricolage est requis...

musclomètre

bobomètre

éclatomètre

Le billard japonais

 20 minutes

 minimum 2

Il te faut

1 planche de contreplaqué* de 120 x 60 cm

10 calots (grosses billes) ou cochonnets

de la colle liquide

1 scie

1 marqueur

1 compas

1 perceuse avec 1 scie cloche

* de 5 mm d'épaisseur

Place aux adultes...

il faut construire le billard !

1. Demande à un adulte équipé d'une scie de découper 4 bandes de 5 cm de large dans la planche de contreplaqué (1 en haut, 1 en bas, 2 sur les côtés).

2. À l'aide d'un compas, trace 10 ronds de 3 cm de large dans le tiers supérieur de la planche et numérote-les selon le schéma.

3. Enfin, l'adulte équipe sa perceuse d'une scie cloche pour les évider.

Place aux enfants...

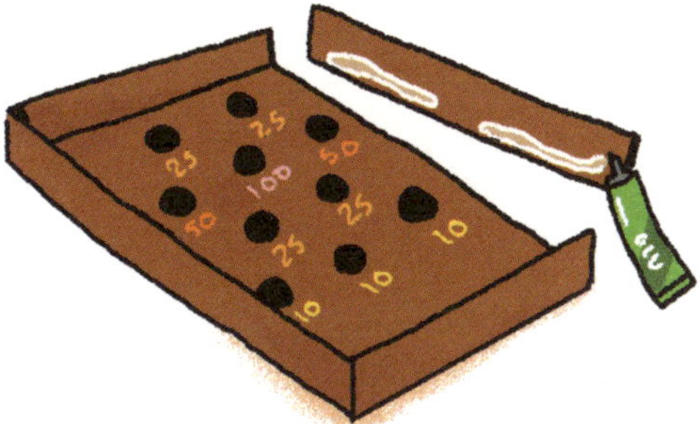

4. Avec de la colle, fixe les 4 bandes sur les bords de la planche de façon à ce qu'elles forment un « mur » tout autour. Laisse sécher une nuit.

Attention : il ne faut pas jeter les balles, mais les faire glisser du bas vers le haut !

Comment jouer ?

nstalle ton billard de manière nclinée sur une table (pose un ouleau d'essuie-tout couché en dessous, par exemple), le côté avec les trous étant le plus élevé.

Le but du jeu est simple : faire e maximum de points en lançant es 10 balles chacun son tour.

Un jeu de Josette Hématch

Les premières traces de ce jeu remontent au Moyen Âge. Le croquet demande concentration et précision...

Le croquet

45 minutes

minimum 2

Il te faut

1 jeu de croquet (en vente libre dans les magasins)

musclomètre

bobomètre

éclatomètre

Préparation

Dans un jardin, dispose les 10 arceaux et les 2 piquets selon le schéma (à 1 mètre de distance les uns des autres). Chaque joueur prend 1 maillet et 1 boule de la même couleur.

Comment jouer ?

Il faut faire passer sa boule sous tous les arceaux selon le parcours défini. La boule doit toucher le piquet B, en milieu de chemin, avant d'effectuer le trajet retour vers le piquet A.

3, 2, 1, partez !

1. Place-toi près du piquet A. Fais passer ta boule sous le premier arceau en lui donnant un coup de maillet. Si tu n'as pas réussi, ramasse ta boule : tu recommenceras depuis le départ quand ce sera à nouveau à toi de jouer.

2. C'est au tour d'un autre joueur : s'il réussit à passer, il redonne un coup de maillet à sa boule pour poursuivre vers le deuxième arceau, et ainsi de suite. Dès qu'il rate son coup, il laisse sa boule où elle est et cède la place au joueur suivant.

Si un joueur passe 2 arceaux avec 1 seul coup de maillet, il rejoue 2 fois !

Le croquet a été un sport olympique lors des J.O. de 1900 à Paris ! Et c'est même une équipe mixte française qui a gagné les 3 épreuves ! C'était la première fois que des femmes participaient aux Jeux olympiques.

Quand un joueur, après avoir passé un arceau, touche la boule d'un autre joueur, il a le droit de la « croquer » : il place sa boule contre celle qu'il a touchée, puis il pose son pied sur sa boule et donne un coup de maillet dedans. Le coup se répercute sur la boule adverse, qui s'éloigne du parcours. Attention à ne pas bouger sa propre boule !

3. Le jeu est terminé lorsqu'un des joueurs touche le piquet A avec sa boule après avoir effectué tout le parcours.

Un jeu de Rémy Danlemile

Tes parents, ton papi, ta tatie, tous y jouent… alors pourquoi pas toi ? La pétanque, un jeu incontournable, pas aussi facile que tu peux l'imaginer !

musclomètre

bobomètre

éclatomètre

La pétanque

30 minutes

minimum 2

Il te faut

des boules de pétanque en plastique coloré

des cochonnets (pense à en avoir plusieurs : ils ont tendance à disparaître !)

Avant de jouer

1. Compose 2 équipes, de 1 à 4 joueurs.

Jusqu'à 2 joueurs par groupe, chacun prend 3 boules. Au-delà, c'est 2 boules chacun seulement.

2. L'équipe qui commence trace un cercle sur le sol. C'est depuis l'intérieur de ce cercle que les joueurs devront lancer, 5 ou 6 mètres plus loin, le cochonnet et les boules. Il ne faut pas sortir du cercle et garder les pieds joints, immobiles. C'est le sens du mot « pétanque » en provençal : pieds plantés !

Déroulement de la partie

1. Une équipe commence : un de ses joueurs lance le cochonnet. Il doit ensuite positionner une de ses boules au plus près de ce dernier.

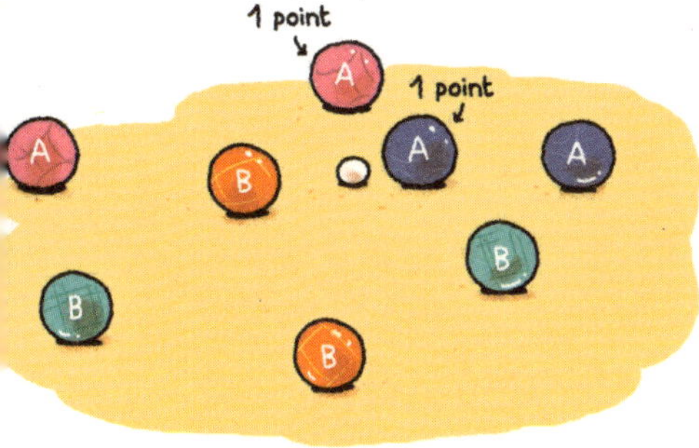

2. C'est alors au tour d'un joueur de l'autre équipe d'essayer de placer sa boule contre le cochonnet. S'il réussit, c'est aux adversaires de jouer. S'il échoue, il réessaie avec une nouvelle boule, jusqu'à ce que lui ou l'un de ses coéquipiers y parvienne.

3. C'est alors à l'autre équipe de jouer. Quand toutes les boules sont lancées, il faut compter toutes celles de la même équipe les plus proches du cochonnet : une boule égale 1 point. La partie est gagnée lorsque les 13 points sont atteints.

ATTENTION !
Il est formellement interdit de traverser le terrain de jeu quand une partie se déroule. Recevoir une boule sur le pied ou sur la tête peut être très dangereux.

Pointer, c'est rapprocher sa boule du cochonnet en la faisant rouler.

Tirer, c'est lancer sa boule sans la faire rouler, pour la mettre à la place d'une autre.

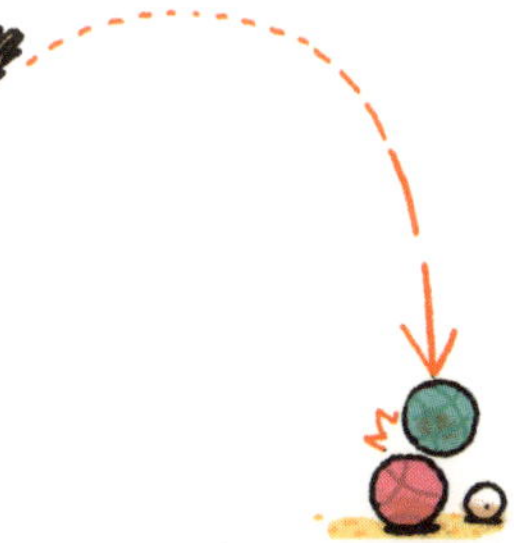

Un jeu de Josette Hématch

On l'appelle aussi tennis de table, pourtant le ping-pong n'est pas que la version mini du tennis. Plus rapide, plus fou, plus fun !

musclomètre

bobomètre

éclatomètre

Le ping-pong

30 minutes

minimum 2

Il te faut

plusieurs raquettes

1 table de ping-pong avec son filet

des balles de ping-po

Le jeu classique

1. Pour commencer un échange, on lance la balle en l'air et on la frappe avec la raquette. La balle doit rebondir 1 fois de son côté de la table, passer le filet sel une diagonale et rebondir 1 fois dans la zone adverse.

2. Le joueur qui réceptionn la balle doit alors la renvoyer directement au-delà du filet, où elle devra rebondir au moins 1 fois.

Le point est perdu quand…

la balle rebondit plus d'une ois avant d'être renvoyée ers le camp opposé ;

• la balle rebondit dans son camp quand on la renvoie ;

• la balle renvoyée dans le camp opposé ne rebondit pas sur la table.

La balle peut toucher le filet et les bords de la table : cela compte toujours !

On gagne quand…

on atteint le score de 11 points en premier, et à condition d'avoir au moins 2 points de plus que le ou les adversaire(s). Si ce n'est pas le cas, il faut poursuivre la partie.

On peut jouer en double à 4 joueurs : les joueurs d'un même côté touchent la balle à tour de rôle.

Le jeu délire

Trouve entre 3 et 5 autres copains. Répartissez-vous autour de la table : il va falloir tourner autour pendant qu'un échange de balle a lieu ! Chacun doit frapper la balle de sa raquette afin que cette dernière ne tombe pas. Les règles sont les mêmes que pour le jeu classique, mais le but ici est de faire le maximum de frappes !

En l'honneur de Bob
'éponge, qui a inventé ce
ort dans l'épisode n° 798 ?
Parce que les joueurs
transpirent tellement
qu'ils demandent tout le
temps qu'on les éponge ?
Parce qu'au début
les balles étaient
en éponge ?

Bon, on est chauds, là, maintenant ?
Nickel, alors on passe au niveau supérieur !
Flexion, extension : on va se dégourdir les jambes !
Rendez-vous au parc dans 5 minutes, sans faute !

Les balles

Voyons
un peu plus grand,
maintenant !
Voilà une panoplie
de jeux nécessitant
de l'espace et des tas
de copains.

À faire à l'école
ou en centre de loisirs.

Tu es agile, tu as du souffle, tu es aussi rapide que l'éclair et tu as une vision à 360 °... Parfait, la balle au prisonnier est faite pour toi !

La balle au prisonnier

30 minutes ou plus

entre 10 et 20

Il te faut

des T-shirts ou des dossards de couleur différente par équipe

1 balle en mousse

1 craie ou des plots

musclomètre

bobomètre

éclatomètre

Avant de jouer

Un terrain de sport ou une étendue d'herbe peuvent très bien convenir. Divise en 2 la surface de jeu à l'aide de la craie ou des plots (un camp doit faire au moins 15 m sur 10). Aux 2 extrémités du terrain, réserve une zone de 2 m de large : ce sont les prisons.

Déroulement du jeu

L'arbitre forme 2 équipes d'un nombre égal de joueurs. Ceux-ci se placent dans leur camp respectif, qu'ils n'ont pas le droit de quitter. L'arbitre lance la balle en l'air entre les 2 camps en début de partie.

1. Lorsqu'un joueur attrape a balle, il la renvoie sans ;ortir de son camp vers un adversaire pour le toucher.

2. Si la balle est rattrapée avant de toucher le sol par le joueur touché ou l'un de ses coéquipiers, le joueur touché reste libre !

3. Si la balle tombe au sol après avoir touché un oueur, celui-ci est envoyé dans la prison du camp adverse. Il s'y rend avec a balle, et le jeu reprend depuis sa nouvelle position.

4. Pour sortir de prison, il faut toucher un joueur adverse avec la balle.
Les joueurs libres peuvent envoyer la balle à leurs coéquipiers prisonniers.

5. Une équipe gagne lorsque tous ses adversaires sont en prison.

Variante : 'e dodgeball

.es 2 prisons se rouvent sur la ongueur des camps, d'un seul côté. Les prisonniers sont nactifs, mais ils etournent jouer quand des joueurs adverses sont aits prisonniers. Jn contre un !

Un jeu de Djamila Balofon

Tic, tac, tic, tac… le temps est compté pour les 2 équipes qui s'affrontent ! Ici, il est impératif de se coordonner si l'on veut gagner.

L'horloge

15 minutes

entre 7 et 12

Il te faut

1 balle en mousse

1 craie ou des plots

musclomètre

bobomètre

éclatomètre

Avant de jouer

Répartissez-vous en 2 équipes de nombre équivalent + 1 arbitre qui comptera les points. L'équipe 1 fait une ronde. L'équipe 2 se dispose en ligne, comme si elle était un rayon partant du cercle. Marque cet endroit d'un trait de craie.

Déroulement du jeu

1. Au top départ, les joueurs de l'équipe 1 e passent la balle aussi vite que possible t cherchent à lui faire effectuer le plus le tours complets de leur cercle. Pendant e temps, l'équipe 2 tourne autour d'eux omme l'aiguille d'une horloge. 1 tour ffectué par la balle = 1 point pour l'équipe 1.

2. La partie s'arrête quand l'équipe 2 est revenue à son point de départ sur le trait de craie. Ensuite, les rôles sont inversés et on recommence. L'équipe gagnante est celle qui a remporté le plus de points au bout de 5 changements de rôle.

Petites difficultés

- **L'équipe 2 doit rester en ligne et ne pas courir. L'astuce est de se tenir les mains !**
- **Si l'équipe 1 fait tomber la balle, le tour commencé est perdu… et la balle revient à son point de départ !**

Le bowling

Un jeu de Rémy Danlemile

Inventé aux États-Unis il y a bientôt 200 ans, le bowling est un jeu de quilles qui demande de l'adresse et de la coordination. Let's go, champions !

musclomètre

bobomètre

éclatomètre

15 minutes

2

Il te faut

- 10 petites bouteilles d'eau en plastique (vides) et leur bouchon
- 1 marteau et des clous
- 1 crayon et du papier pour noter les résultats
- 2 balles en mousse dure de 15 cm de diamètre
- 1 marqueur
- du sable coloré de 5 teintes différentes
- 3 planches de contreplaqué de 15 cm de large sur 1 m de long et 2 cm d'épaisseur

Avant de jouer

1. Prépare les quilles : remplis les bouteilles avec du sable coloré (2 de chaque couleur), puis numérote-les de 1 à 5 avec le marqueur (2 bouteilles portent le même chiffre).

2. Organise le terrain de jeu (dans un jardin, de préférence) : demande à un adulte de clouer les 3 planches en forme de U. À l'intérieur de ce U, dispose les 10 bouteilles fermées en triangle. Oriente la pointe de celui-ci vers l'ouverture des planches.

3. Perce les balles : laisse faire ça à un adulte ! Sur chaque balle, il faut creuser l'emplacement de 3 doigts, disposés en triangle : le pouce, l'index et le majeur.

Comment on joue ?

Chaque joueur lance 2 balles de suite pour faire tomber toutes les quilles. S'il réussit en 1 fois, c'est un strike (50 points). S'il réussit en 2 fois, c'est un spare (40 points). Si des quilles restent debout au bout des 2 lancers, additionne les chiffres de celles qui sont tombées pour connaître le nombre de points gagnés. C'est ensuite à l'autre joueur de lancer les balles. Une partie se joue en 5 manches. Le gagnant est celui qui a le plus de points au final.

Un jeu de Rémy Danlemile

Aucun de tes copains n'est dans le coin cet après-midi pour jouer avec toi ? Trouve une balle et un mur, tu vas pouvoir quand même t'amuser !

La balle au mur

20 à 30 minutes — 1

Il te faut

1 mur

1 balle

musclomètre

bobomètre

éclatomètre

Déroulement du jeu

1. Choisis une comptine ou une chanson que tu aimes bien.

2. Chante-la tandis que tu lances à plusieurs reprises une balle contre un mur, tout en appliquant la consigne de l'un des 10 exercices suivants !

3. À la fin de la chanson, change d'exercice.

Consignes des exercices

1. Aucune.

2. Mets une main dans ton dos, lance et rattrape la balle avec l'autre.

3. Mets-toi en équilibre sur un pied.

4. Claque des mains devant toi.

5. Claque des mains devant toi, puis derrière toi.

6. Fais un tour sur toi-même.

7. Claque des mains au-dessus de ta tête et écarte les jambes en même temps.

8. Accroupis-toi sans toucher le sol des mains, puis relève-toi.

9. Fais 2 pas chassés d'un côté (lance ta balle en diagonale pour la récupérer à l'endroit où tu vas te trouver).

10. Ferme les yeux.

Un jeu d'Apakar Tonrouj

Avec le dégomme-quilles, tu amélioreras ton esprit d'équipe et la précision de tes tirs... OK, tu vas aussi bien te défouler !

musclomètre

bobomètre

éclatomètre

Le dégomme-quilles

20 minutes

2 à 4

Il te faut

8 petites bouteilles d'eau en plastique (vides) et leur bouchon

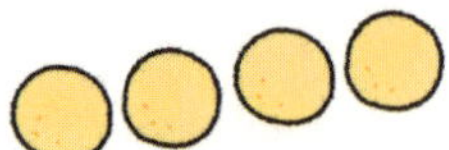

4 balles en mousse

des sables colorés

Avant de jouer

1. Prépare les bouteilles : remplis-les au tiers de sable (utilise pour chacune un sable coloré différent).

2. Trouve un lieu clos (salle ou jardin) et divise ce terrain en 2 parties égales. Dispose les quilles vers le fond de chaque camp, sans les mettre les unes à côté des autres.

Attention : les bouteilles doivent être suffisamment lestées pour ne pas bouger si tu es en extérieur et qu'il y a un peu de vent. Cependant, elles doivent être assez légères pour tomber quand une balle en mousse vient les frapper.

Déroulement du jeu

1. Il faut empêcher le ou les joueur(s) du camp adverse de faire tomber les 4 quilles de ton côté, sans sortir de ton camp.

2. En parallèle, ton objectif, ou celui de ton équipe, est de faire tomber les leurs ! Pour cela, il faut faire rouler les balles, et non les lancer. Si un joueur intercepte une balle, il doit la relancer aussitôt vers le camp opposé. Quand toutes les quilles d'un côté sont tombées, la partie est finie et le camp adverse a gagné.

Précisions
- Si la balle sort du terrain, un joueur de l'équipe du même côté va la chercher pour la remettre en jeu.
- On commence la partie en donnant 2 balles à chaque camp.

Variante

Pour les plus motivés uniquement : la partie se joue à genoux ! À la seule condition de les avoir bien protégés avec un pantalon ou des genouillères, sinon c'est brûlure garantie !

Un jeu de Josette Hématch

La balle assise

Besoin de te dépenser ? Joue vite à ce classique des cours de récré où rien ne reste longtemps figé si tu fais preuve d'une bonne réactivité.

20 minutes

5 à 15

Il te faut

1 balle en mousse

4 plots

musclomètre

bobomètre

éclatomètre

Avant de jouer

De préférence, établis le terrain de jeu en extérieur. Délimite-le avec des plots. La surface dépend du nombre de joueurs : plus il y en a, plus le terrain est grand. Pour une dizaine de joueurs, prévois une zone de 20 m sur 25.

C'est parti !

1. L'arbitre lance la balle au milieu du terrain pour indiquer que le jeu commence.

2. Chacun pour soi : le but est 'être le dernier à rester debout. 'our cela, il faut attraper la balle et oucher un autre joueur avec. Celui-i s'assoit alors aussitôt. Attention, a ne compte que si la balle frappe e sol après avoir touché le joueur.

3. Quand on a la balle entre les mains, on n'a plus le droit de marcher, on peut seulement tourner sur soi-même. Attention : il est interdit de viser la tête des copains.

4. Pour se libérer, le joueur assis doit réussir à ntercepter la balle quand celle-ci est lancée. Il a lors le droit de se lever et de viser quelqu'un. Rappel : un joueur debout ne donne pas ntentionnellement la balle à un joueur assis.

Pour pimenter le jeu, ajoute une autre balle. Et pour le rendre encore plus difficile, interdis aux joueurs assis de se lever pour lancer leur balle.

On peut jouer en équipe ? Dui ! Dans ce contexte, est autorisé de donner la balle aux copains ssis. L'équipe gagnante st celle qui envoie tous les joueurs adverses oar terre. N'oublie pas d'utiliser des dossards ou des T-shirts de couleurs différentes pour les 2 équipes.

Un jeu de Djamila Balofon

Facile à mettre en place et accessible aux plus jeunes, la balle au cordon demande toutefois de la tactique et de la coordination entre les joueurs d'une même équipe.

musclomètre

bobomètre

éclatomètre

La balle au cordon

20 minutes

8 à 12

Il te faut

1 craie

2 balles en mousse

1 corde de 10 m

2 chaises

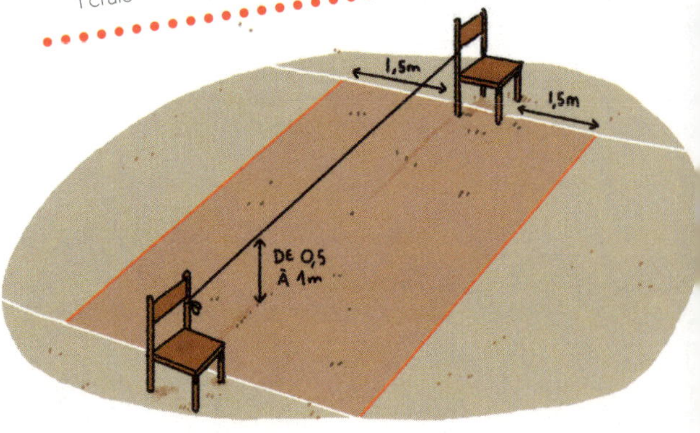

Avant de jouer

Délimite un terrain de jeu de 20 m sur 15. Coupe le terrain en son milieu, installe une chaise à chaque extrémité de cette ligne de démarcation, puis relie les 2 avec la corde. Celle-ci doit se situer à une hauteur comprise entre 50 cm et 1 m.
De part et d'autre de la corde, à 1,5 m environ, trace un trait à la craie : c'est la zone interdite dans laquelle les joueurs n'ont pas le droit d'aller.

Déroulement du jeu

. Désigne un arbitre armi les joueurs. Celui-ci ompose 2 équipes d'un ombre égal de joueurs.

2. Chacune se rend dans on camp avec une balle. e but est de faire passer les alles sous la corde, assez ort pour qu'elles puissent averser le camp adverse t en sortir, ce qui donne point à l'équipe qui a joué.

3. Chaque équipe essaie d'empêcher les balles de sortir de son camp. Quand un joueur rattrape la balle, il la relance immédiatement dans le camp adverse, toujours en la faisant passer sous la corde. Les vainqueurs sont ceux qui ont atteint le score de 10 en premier.

Un jeu de Josette Hématch

Sport emblématique des USA, le baseball s'adresse aux plus adroits d'entre vous. Avec cette version simplifiée, deviens un pro du gazon !

musclomètre

bobomètre

éclatomètre

Le basic baseball

30 minutes

11

1 casque intégral

Il te faut

plusieurs balles

5 plots en forme de soucoupe

5 gants

1 batte (ou une raquette de tennis)

5 casques de protectio

Avant de jouer

Trouve une grande étendue d'herbe dans un parc (ou mieux : un stade !). Ce jeu demande beaucoup d'espace Installe 4 plots sur le sol selon la forme d'un carré de 10 m de côté. Place 1 plot au centre du carré. Désigne un arbitre qui forme 2 équipes de nombre égal.

Les équipes jouent à tour de rôle en attaque ou en défense. Selon leur tâche, elles se positionnent différemment sur le terrain.

L'équipe en défense > **lanceur** **receveur** **joueur 1** **joueur 2** **joueur 3**

Les équipes

1. L'équipe en défense se compose du lanceur (sur le plot au centre du carré), du receveur (derrière le plot 1, à l'extérieur du carré) et de 3 joueurs disposés en dehors du carré, assez loin derrière les plots 2 à 4. Chaque joueur a un gant et le receveur porte un casque de protection.

2. L'équipe en attaque est formée du batteur (sur le plot 1, c'est-à-dire devant le receveur de l'équipe adverse) et de ses co-équipiers, qui attendent d'entrer en jeu sur le côté. Le batteur ne porte pas de gant.

Le jeu commence...

1. Le lanceur lance la balle au receveur. Sauf que le batteur doit intercepter la balle au vol pour la renvoyer le plus loin possible !

2. Si le receveur réceptionne la balle : un nouveau batteur s'installe sur le plot 1, l'ancien est éliminé.

3. Si le batteur renvoie la balle : il lâche la batte et court le plus vite possible le long du carré, dans le sens opposé des aiguilles d'une montre. Il doit toucher du pied tous les plots, du 2 ou 4, avant de revenir sur le 1. Le point est marqué si l'équipe adverse n'a pas eu le temps de récupérer la balle et de la renvoyer au receveur.

batteur 1 **batteur 2** **batteur 3** **batteur 4** **batteur 5**

4. Si le batteur est en pleine course entre 2 plots lorsque le receveur réceptionne la balle, il est éliminé.

< L'équipe en attaque

...et se poursuit

1. Si le batteur s'est arrêté sur le plot 2, 3 ou 4 lorsque le receveur récupère la balle, il est toujours en course ! Un nouveau batteur s'installe sur le plot 1, et le lanceur lance à nouveau une balle. Si le 2e batteur réussit à renvoyer la balle, il se met à courir, tout comme le 1er batteur, qui essaie de finir son tour. Et ainsi de suite...

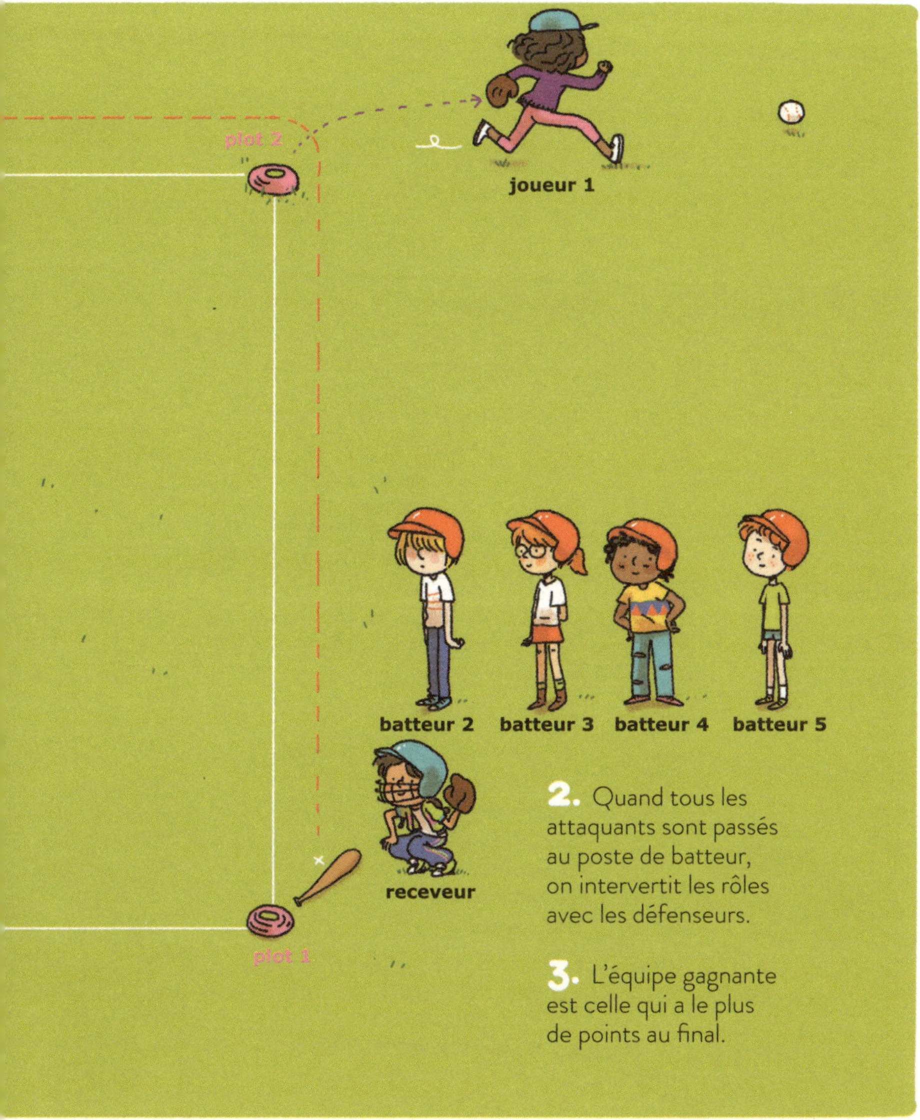

2. Quand tous les attaquants sont passés au poste de batteur, on intervertit les rôles avec les défenseurs.

3. L'équipe gagnante est celle qui a le plus de points au final.

Un jeu de Josette Hématch

Des baskets, une balle, une raquette ? Te voilà prêt pour arpenter les cours de tennis ! Pas de cour à proximité ? Pas grave, un coin de bitume suffit.

musclomètre

bobomètre

éclatomètre

Le tennis sur bitume

variable

de 1 à 4

Il te faut

des balles

2 chaises

1 corde de 20 m

des raquettes

de la craie

Avant de jouer

Trace avec la craie un terrain rectangulaire d'environ 15 m sur 30. Sépare-le en 4 parties égales dans le sens de la longueur et de la largeur. Place les 2 chaises de part et d'autre du terrain, en son centre, et tend la corde entre elles : cela représente le filet !

Déroulement du jeu

1. À 1 contre 1 : chaque joueur se place dans son camp. Un des joueurs engage le jeu. Il frappe la balle afin qu'elle passe au-dessus du filet en diagonale et rebondisse dans le camp adverse. Le 2nd joueur renvoie la balle soit après le 1er rebond, soit avant. Si l'un des joueurs ne rattrape pas la balle après 1 rebond, le point va à l'adversaire.

2. À 2 contre 2 : chaque joueur se place dans son camp et devient responsable des balles rebondissant dans sa zone.

Jeu, set et match !

Pour gagner un jeu, il faut remporter 4 « points » que l'on nomme de cette manière : 15, 30, 40 et jeu. Le premier arrivé à « jeu » remporte le jeu. Il faut gagner 6 jeux pour remporter un set. Et il faut remporter 3 sets pour gagner le match (mais on peut aussi s'arrêter à 1 set !).

Et si tu es tout seul... Pas de panique ! Trouve un mur et échange avec lui quelques balles. Cela te fera un bon échauffement pour quand tes copains arriveront.

Bienvenue chez les pros ! Ici, fini la rigolade !
On ne prend que la crème de la crème !
Des athlètes, des futures stars olympiques !
N'importe quoi ! Les écoute pas et viens t'amuser !

Les ballons

Tu ne jures que
par les sports co,
version pro ?

Découvre la liste que
les copains t'ont préparée !
Sueur, rigolade,
rage de vaincre et muscles
gonflés à bloc sont
au programme.

Un jeu de Rémy Danlemile

Stratégie et chance sont les mots-clés de ce jeu ! Il faut être déterminé pour être chasseur et avoir l'esprit d'équipe quand on est une proie.

musclomètre

bobomètre

éclatomètre

Le chasseur

20 minutes environ

entre 5 et 10

Il te faut

1 ballon en mousse

Avant de jouer

1. Délimite le terrain sur lequel les joueurs vont courir. Prévois une surface suffisante ! Si vous êtes 10, il faut au moins un espace de 25 m x 25 m.

2. Indique la prison, une zone située en bordure du lieu de jeu, où les joueurs éliminés pourront attendre.

Déroulement de la partie

1. Une personne prend le rôle du chasseur, elle le reste pour oute la partie. Son but est de toucher les proies (les autres opains) avec le ballon. Si quelqu'un est touché, il va en prison.

2. Pour délivrer un prisonnier, faut qu'une des proies touche le hasseur avec le ballon. Attention, est interdit de prendre le allon des mains du chasseur. faut le ramasser quand il est ar terre, par exemple. Ou, plus ɔrtiche, l'attraper en vol !

3. Quand le chasseur est touché avec le ballon, la prison est vidée de tous ses prisonniers et ils reviennent sur le terrain. Tout est à refaire pour le chasseur...

ɔour finir la partie

.u bout de 10 minutes de jeu, la règle se ıodifie un peu. Les proies ne peuvent plus être ɔérées de prison, elles sont définitivement liminées. Les gagnants sont les 2 derniers ueurs à ne pas avoir été touchés.

Un jeu d'Abakar Tonroui

Un grand classique des cours de récré. Ce jeu demande de bons réflexes et un peu de coordination...

La tomate

30 à 40 minutes

de 10 à 20

Il te faut

1 ballon en mousse

musclomètre

bobomètre

éclatomètre

Mise en place

1. Fais une ronde avec tes copains. Lâchez-vous les mains, et écartez les pieds jusqu'à toucher ceux des personnes à vos côtés.

2. Penchez-vous vers l'avant et joignez les mains : elle vont vous permettre de frapper la balle et d'essayer de la faire passer entre les jambes d'un autre joueur.

Déroulement du jeu

Si la balle passe : le joueur est pénalisé et oit placer une de ses mains dans son dos. ne peut désormais défendre le passage ntre ses jambes qu'avec une main.

• Si la balle passe une 2e fois : ce joueur se retourne. Ses pieds touchent toujours ceux de ses camarades, mais il est placé de dos à l'arène. Il peut à nouveau utiliser ses 2 mains.

Si la balle passe une 3e fois : il met ıne de ses mains derrière son dos.

Si la balle passe une 4e fois : il est éliminé et sort de la ronde, qui rétrécit.

Le gagnant est celui qui reste en dernier !

Appelé pok-a-tok par les Mayas, Ulama par les Aztèques, ce jeu de balle est vieux de plus de 2 000 ans. Essaye notre version moderne !

L'aztec-ball

20 minutes

de 5 à 15

Il te faut

- des T-shirts de 2 couleurs différentes
- 1 craie
- 1 ballon en caoutchouc (matière sacrée pour les Mayas et les Aztèques)
- des plots
- des coiffes de plume et du maquillage (éventuellement)

musclomètre

bobomètre

éclatomètre

Avant de jouer

1. Délimite le terrain à la craie ou en plaçant des plots sur le pourtour. Au centre du terrain, une ligne sépare les 2 camps.

2. Choisis un arbitre et demande-lui de constituer 2 équipes d'un nombre égal de joueurs (entre 2 et 7).

C'est parti !

1. Le but est d'envoyer le ballon dans le camp adverse en vitant à tout prix qu'il rebondisse dans son propre camp. etite particularité : on ne doit toucher le ballon ni avec es mains, ni avec les pieds. Toutes les autres parties du corps hanches, bras, jambes, poitrine, etc.) sont autorisées.

2. Après tirage au sort, l'arbitre lance la balle ans le camp de l'équipe qui ouvre le jeu.

3. Si le ballon rebondit plus d'une fois ans un camp adverse avant d'être renvoyé, équipe qui l'a lancé gagne 1 point.

Si le ballon rebondit dans le camp de l'équipe qui a lancé, celle-ci perd 1 point (on peut utiliser les ombres négatifs : si elle avait 0, ça lui fait donc -1).

Si une équipe envoie le ballon en dehors du terrain, lle perd 1 point et le ballon est donné au camp adverse.

4. La 1re équipe à atteindre le score de 8 gagne a partie. Si une équipe atteint le score de -8, lle est déclarée perdante, et l'autre gagne par défaut.

Le sais-tu ?
Chez les Mayas et les Aztèques, le jeu de ballon était un rituel sacré, qui se terminait souvent par le sacrifice des perdants. Aujourd'hui encore, au Mexique, des Indiens pratiquent ce jeu... mais plus personne n'est sacrifié. Ouf !

Afin d'ajouter une touche exotique, propose à tes amis de jouer torse nu (pour es garçons), en short, coiffés de plume et le isage peint de couleurs différentes ! Pour ifférencier les équipes, c'est plus amusant que des dossards...

Un jeu d'Abakar Tonroyi

Pas trop besoin de cerveau pour s'amuser à ce jeu : il suffit de savoir courir et d'être habile dans le lancer-rattraper du ballon avec les mains et les pieds !

La soule

30 minutes

à partir de 7 joueurs

Il te faut

1 ballon de rugby

des T-shirts de 2 couleurs différentes

musclomètre

bobomètre

éclatomètre

Avant de jouer

1. Délimite, dans les grandes lignes, un terrain de jeu en extérieur (de préférence un parc).

2. Désigne un arbitre : il composera les équipes et surveillera le bon déroulement de la partie.

Chaque équipe choisit, sur la zone de jeu, un lieu où l'équipe adverse devra déposer le ballon : au pied d'un arbre, près d'un banc, devant un lampadaire, etc.

?'est parti !

. L'arbitre lance le ballon entre les équipes. On peut l'attraper et se le asser avec les mains, comme au rugby, u avec les pieds, comme au foot.

2. Aucun joueur ne doit garder le ballon plus de 5 secondes d'affilée. C'est au moment des échanges qu'un adversaire a le plus de chances d'attraper le ballon.

Il est interdit de plaquer au sol les adversaires ou de tirer leurs vêtements !

Un jeu de Rémy Danlemile

C'est le sport le plus populaire du monde : il se joue n'importe où, dès qu'on dispose d'un ballon. Mais ce n'est pas une raison pour y jouer n'importe comment !

musclomètre

bobomètre

éclatomètre

Le football

40 minutes

de 10 à 22

Il te faut

1 ballon

10 plots ronds

des T-shirts de 2 couleurs différentes

Avant de jouer

1. Place des plots aux 4 coins d'un terrain de 20 m sur 25.

2. Indique le milieu du terrain en plaçant 2 plots sur les bords extérieurs, puis délimite les buts de part et d'autre avec les 4 plots restants.

3. Désigne un arbitre et laisse-le composer les 2 équipes.

4. Les rôles dans une équipe sont décidés par ses membres : il faut un gardien, des défenseurs et des attaquants.

Le jeu

1. Les joueurs se placent sur le terrain : les gardiens dans les buts, les défenseurs devant pour le protéger, et les attaquants encore devant, prêts à se lancer dans la zone adverse. C'est l'arbitre qui met le ballon en jeu au milieu du terrain.

Et s'il y a égalité à la fin ? Procède aux tirs au but : une équipe essaie de marquer grâce à un joueur placé face au but adverse. Chacune a droit à un tir. S'il y a encore égalité, on continue.

2. La partie se joue en 2 fois 20 minutes, avec une petite pause et un changement de côté des équipes au milieu.

3. L'objectif est de mettre le ballon dans le but opposé le plus de fois possible, en n'utilisant que les pieds ou la tête !

Le goal volant

Quand il est dans la cage, le gardien peut toucher le ballon avec les mains. Il peut quitter son poste, mais il devient alors un joueur comme un autre.

La remise en jeu

Après un but, le ballon est remis en jeu au milieu du terrain par les joueurs qui viennent de l'encaisser.

La touche

Si un joueur sort le ballon du terrain, c'est un joueur adverse qui le remet en jeu à partir de l'endroit de la sortie.

Pour changer du gazon ou du béton, les accros du foot ont des tas d'option : le linoléum du gymnase ou le silicium en grains* de la plage, par exemple !

*** Le sable, quoi...**

Le futsal

Trouve un gymnase pour jouer ! Utilise le marquage au sol et les buts de la salle. Applique les règles du foot classique. Avantages : tu es à l'abri des intempéries, et tu ne rentreras pas chez toi les fringues vertes et pleines de terre. Rien ne change, sauf qu'ici tu découpes le jeu en 2 mi-temps de 15 minutes.

Le foot de plage

Ce sport, très physique, se joue pieds nus dans le sable.

Avant de jouer

Délimite avec des plots un terrain de 10 m sur 20. Trace avec ton pied son contour. Si tu joues en été, arrive tôt : tu auras moins chaud, et tu pourras t'installer sans déranger les vacanciers.

Déroulement de la partie

Ici aussi, applique les règles du foot classique, à quelques différences près...

1. Le gardien n'a pas le droit de sortir de son but.

2. Le temps de jeu est divisé en 3 tiers de 10 minutes chacun.

3. Comme le ballon roule mal sur le sable, oublie le dribble (c'est quand tu avances et que tu fais rouler le ballon en même temps), et concentre-toi sur un jeu plus aérien.

Un jeu de Josette Hématch

Ultra rapide, le volley-ball donne la pêche. Alors, si tu es bondissant et que tu n'as peur de garder les bras en l'air longtemps, viens essayer !

musclomètre

bobomètre

éclatomètre

Le volley-ball

30 minutes

8 à 12

Il te faut

de la craie

1 kit comprenant 1 filet et ses 2 poteaux

1 ballon de volley

Avant de jouer

1. Si tu joues dans un gymnase, utilise le marquage au sol et le filet à disposition. Si tu joues en extérieur, délimite à la craie un terrain de 20 m sur 10. Place le filet et ses poteaux à la moitié du terrain.

2. Place le bord supérieur du filet 30 cm plus haut que le plus grand des joueurs.

3. Compose 2 équipes, puis installez-vous sur le terrain.

C'est parti !

1. C'est le joueur en position 1 de l'équipe A qui engage la partie.

2. Il se place à l'extérieur du terrain, et d'une main il frappe le ballon qui doit passer au-dessus du filet.

3. Un joueur de l'équipe adverse réceptionne le ballon et le renvoie dans le camp opposé, et ainsi de suite.

La première équipe arrivée à 10 gagne un set. Une partie se joue en 2 sets, 3 s'il y a égalité.

4. Si le ballon n'est pas renvoyé par l'équipe B, qu'il a touché le sol ou qu'il est bloqué par le filet, le point est à l'équipe A. Le joueur en position 1 de cette équipe engage à nouveau.

5. Si le point est gagné par l'équipe B, c'est à son joueur en position 1 de servir.

6. Quand l'équipe A récupère le service, tous ses joueurs effectuent une rotation d'une place. Le joueur qui était en position 2 passe en position 1 pour servir.

Au volley-ball, le ballon ne touche jamais le sol.

Un jeu de Djamila Balofon

Du sable à perte de vue et envie de jouer au volley ? Ça tombe bien, il existe le beach-volley ! Mais attention, la version "plage" du volley est très sportive...

musclomètre

bobomètre

éclatomètre

Le beach-volley

(le volley version fun !)

20 minutes — 4

Il te faut

1 ballon

4 plots ronds

1 kit comprenant 1 filet et ses 2 poteaux

Allez, on joue !

1. Trouve une plage, mets-toi pieds nus et applique les mêmes règles qu'au volley (p. 75-76).

2. Utilise les plots pour délimiter le terrain et trace les contours avec ton pied. Veille à le faire régulièrement : ces marques ont tendance à s'effacer pendant une partie.

N'oublie pas : comme pour le foot de plage, n'installe pas le filet auprès de personnes qui veulent se reposer et profiter de la plage au calme.

Variante : le water-volley !

Moins connu que le beach-volley, son « cousin » permet de pratiquer le volley dans une piscine ! Pour cela, il existe des filets montés sur une base gonflable. Installe ce dispositif du côté où l'eau t'arrive au maximum au nombril. Ici pas de règles, pense seulement à faire passer le ballon par-dessus le filet !

Le water-volley est très marrant mais aussi très fatigant, car bouger dans l'eau demande beaucoup d'efforts.

Un jeu d'Abakar Tonrouï

Pas besoin de mesurer 2 mètres et de peser 100 kilos pour faire du rugby. Tout le monde peut jouer, il suffit d'avoir envie de s'éclater !

musclomètre

bobomètre

éclatomètre

Le rugby à cinq

15 minutes

15

Il te faut

- des T-shirts ou des dossards de 2 couleurs différentes
- 1 ballon de rugby
- des protections (protège-tibia, etc.)
- 10 plots

Préparation

1. Délimite avec des plots une zone de jeu de 20 m sur 30, sur gazon. Utilise aussi des plots pour figurer les poteaux des buts sur les petits côtés.

2. Choisis un arbitre. Les joueurs restants forment 2 équipes de 5, répartis en 2 arrières (plutôt rapides) et 3 avants (des grands et costauds).

On joue !

1. L'arbitre met le ballon en jeu en le lançant en l'air au centre du terrain. Les avants de chaque équipe doivent sauter pour l'attraper.

2. Les joueurs qui attrapent le ballon peuvent courir avec ou le passer à un coéquipier. Les passes se font toujours vers l'arrière.

3. Pour marquer 5 points, un joueur doit poser le ballon, avec les mains, derrière la ligne d'en-but adverse. Pour « transformer l'essai » et gagner 2 points de plus, ce même joueur doit envoyer le ballon en hauteur entre les poteaux. Pour cela, il se place sur le terrain au milieu du camp adverse et shoote dans le ballon.

Le plaquage

n joueur qui court avec le ballon peut
tre ceinturé par un adversaire et amené
u sol. Il doit alors lâcher le ballon.
ttention, il est interdit de bousculer
n joueur pour le faire tomber.

La pénalité

n cas de faute plus
érieuse (ex. : un joueur
st rentré dans celui qui
enait le ballon), l'arbitre
eut accorder un tir au but :
n joueur tente d'envoyer
ballon entre les poteaux
e l'équipe pénalisée.
'il réussit, cela rapporte
points à son équipe.

La mêlée

On l'organise en cas de faute légère (une passe vers l'avant, par exemple). Les avants de chaque équipe se prennent par les épaules et poussent contre leurs adversaires pour les faire reculer. L'arbitre fait glisser le ballon entre les 2 groupes. Le premier qui parvient à avoir le ballon sous son pied le dégage vers l'arrière.

Un jeu de Rémy Danlemile

Tu aimes les échanges rapides de ballon ? Tu sais travailler en équipe et tu as de la force dans les bras ? Le hand-ball est fait pour toi !

Le hand-ball

40 minutes

11

Il te faut

1 ballon de hand-ball

1 craie (si nécessaire)

des T-shirts ou des dossards de 2 couleurs différentes

10 plot

musclomètre

bobomètre

éclatomètre

Préparation

1. Utilise le terrain adéquat dans un gymnase, ou délimite, en extérieur, une zone de jeu de 20 m sur 25 avec des plots et de la craie. Indique au milieu la séparation entre les 2 camps.

2. Les buts sont sur les petits côtés et protégés par une zone en demi-cercle de 3 m dans laquelle aucun joueur, à part le gardien, ne peut pénétrer.

3. Choisis un arbitre qui forme 2 équipes de 5 joueurs avec : 1 gardien, 2 défenseur et 2 attaquants.

On joue !

1. L'arbitre désigne
pile ou face l'équipe
ui commence.

2. L'objectif est de
narquer le plus de
uts sans pénétrer
ans la surface en
emi-cercle adverse.

3. Une partie se joue en 2 fois
20 minutes. En cas d'égalité, on ajoute
5 minutes pour départager les équipes.

4. Pour déplacer le ballon, il y a 3 moyens : le dribble (marcher vite ou courir en faisant rebondir le ballon sur le sol), la marche (3 pas maximum en tenant le ballon dans les mains) et la passe à un autre joueur.

5. On peut conserver le ballon 3 secondes sans bouger.

La faute

i le ballon sort du terrain, si un joueur touche
e ballon avec ses jambes (en-dessous des
enoux), ou bien si un joueur est retenu ou
oussé, le ballon est donné aux adversaires
t remis en jeu à l'endroit de la faute.

On n'a pas le droit de faire de passes au gardien. Par contre, il peut entrer et sortir de sa cage, sans être en possession du ballon, et devenir un joueur comme les autres. C'est un goal volant !

Le sais-tu ?
**.e nom « handball »
(« balle à la main »)
vient de l'allemand,
et non de l'anglais.
On prononce « ball »
comme « balle »
en français, et non
omme dans football
ou basket-ball !**

Un jeu d'Abakar Tonrouj

Le basket-ball

Ça te dit une partie de basket ? Qui sait, peut-être que parmi tes copains et toi, se cachent de futurs joueurs de la NBA ?*

** National Basketball Association : principale ligue de basket-ball américaine*

musclomètre

bobomètre

éclatomètre

30 minutes

11

Il te faut

des T-shirts ou des dossards de 2 couleurs différentes

1 ballon de basket

Préparation

1. Trouve un gymnase ou un terrain en extérieur avec 2 paniers en hauteur et le marquage au sol adéquat !

2. Choisis un arbitre qui compose 2 équipes de 5 joueurs : le plus grand protège le panier, les 2 plus habiles marquent les paniers tandis que les 2 derniers participent à l'attaque et à la défense.

C'est parti !

1. Une partie se divise en 2 fois 5 minutes. Le but de chaque équipe est de faire passer le ballon dans le panier adverse à de nombreuses reprises, tout en empêchant l'autre groupe de faire de même ! Quand un panier est marqué, le ballon est remis à l'équipe adverse qui relance le jeu sous ce même panier.

2. On ne touche le ballon qu'avec les mains. Un joueur peut essayer de le subtiliser à un autre joueur à tout moment.

3. La partie commence quand l'arbitre au milieu du terrain lance le ballon en l'air entre 2 joueurs de chaque équipe.

4. On déplace le ballon en le faisant rebondir sur le sol ou en le lançant à un coéquipier.

Lancer zone marron = 3 point
Lancer zone grise = 2 points
Lancer zone bleue = 1 point